D0745528

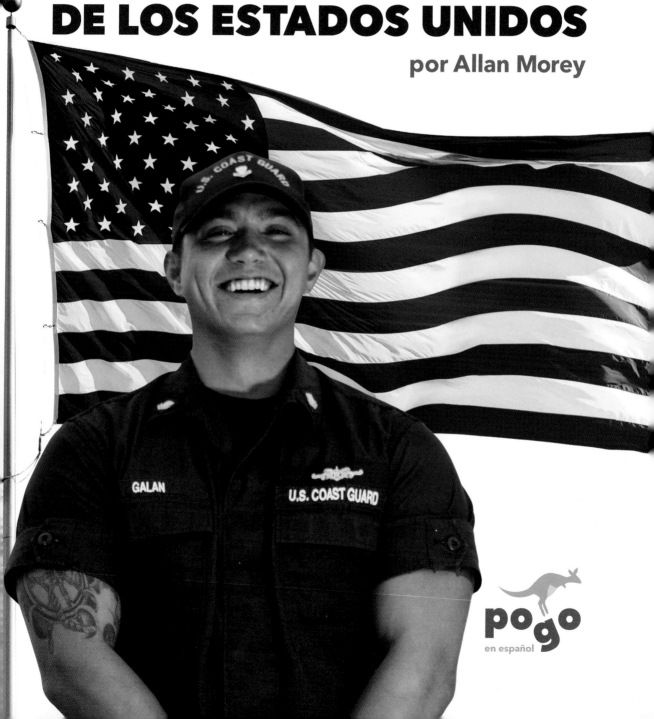

LAS FUERZAS ARMADAS DE LOS ESTADOS UNIDOS

LA GUARDIA COSTERA DE LOS ESTADOS UNIDOS

por Allan Morey

pogo
en español

Ideas para los padres de familia y los maestros

Los Pogo Books permiten a los lectores practicar la lectura de textos informativos y los familiarizan con las características de la literatura de no ficción, como los encabezados, las etiquetas, las barras laterales, los mapas y diagramas, al igual que una tabla de contenido, un glosario y un índice. Los textos, cuidadosamente escritos para el nivel de los estudiantes, y la sólida correspondencia con una foto ofrecen a los lectores de temprana edad que leen con fluidez el apoyo necesario para tener éxito.

Antes de la lectura

- Recorra las páginas del libro indíquele al niño o a la niña las diversas características de la literatura de no ficción. Pregúntele qué propósito tiene cada característica.

- Miren el glosario juntos. Lean y conversen acerca de las palabras.

Lean el libro

- Permita que lea el libro de forma independiente.

- Pídale que haga una lista de las preguntas que le surjan a partir de la lectura.

Después de la lectura

- Hablen acerca de las preguntas que le hayan surgido y sobre cómo él o ella podría obtener las respuestas a esas preguntas.

- Motive al niño o a la niña a pensar más. Pregúntele: ¿Qué sabías acerca de la Guardia Costera de los Estados Unidos antes de leer este libro? ¿Qué más quisieras saber después de leerlo?

Pogo Books are published by Jump!
5357 Penn Avenue South
Minneapolis, MN 55419
www.jumplibrary.com

Library of Congress Cataloging-in-Publication Data

Names: Morey, Allan, author.
Title: La Guardia Costera de los Estados Unidos por Allan Morey.
Other titles: U.S. Coast Guard. Spanish
Description: Minneapolis : Jump!, Inc., 2021.
Series: Las fuerzas armadas de los Estados Unidos
Includes index.
Audience: Ages 7-10 | Audience: Grades 2-3
Identifiers: LCCN 2020015318 (print)
LCCN 2020015319 (ebook)
ISBN 9781645276258 (hardcover)
ISBN 9781645276265 (ebook)
Subjects: LCSH: United States. Coast Guard–Juvenile literature.
Classification: LCC VG53 .M6718 2021 (print)
LCC VG53 (ebook) | DDC 363.28/60973–dc23

Editor: Susanne Bushman
Designer: Molly Ballanger
Translator: Annette Granat

Content Consultant: Nils Gustafson, Avionics Electrical Technician Third Class, U.S. Coast Guard

At the time of print, Nils Gustafson had been in the U.S. Coast Guard for six years. He reported to his first unit, U.S. Coast Guard Cutter Campbell, in 2014. In 2016, he attended Avionics Electrical Technician "A" school. From 2017 to 2019, he worked at the base clinic and received health services training. He was re-cleared for flight duties in early 2019 and transferred to work as aircrew and ground avionics maintenance at the U.S. Coast Guard Air Station in Atlantic City, NJ.

Photo Credits: Sheila Fitzgerald/Shutterstock, cover (top); landbysea/iStock, cover (bottom); U.S. Coast Guard, 1 (foreground), 8, 10-11, 12-13, 14-15, 16, 17, 18-19, 20-21, 23; turtix/Shutterstock, 1 (background); iShootPhotosLLC/iStock, 3; Ivan Cholakov/Shutterstock, 4; Neal McConnell/iStock, 5; cpaulfell/Shutterstock, 6-7; PJF Military Collection/Alamy, 9.

Printed in the United States of America at Corporate Graphics in North Mankato, Minnesota.

TABLA DE CONTENIDO

U.S. COAST GUARD   1347

CAPÍTULO 1

AL RESCATE

Un helicóptero vuela sobre el mar. Es de la Guardia Costera de los Estados Unidos. ¡Abajo, alguien en el agua necesita ayuda!

cable ·····▶

Un cable cae del helicóptero. Un miembro de la Guardia Costera se baja. Salta al agua. Arriesga su vida para salvar a la persona.

Ciudad de Nueva York

La Guardia Costera es una **rama** de las Fuerzas Armadas de los Estados Unidos. Los miembros ayudan a **defender** a los Estados Unidos. Ellos parten en **misiones** de rescate en el mar. **Patrullan** las costas. También ayudan a proteger el **medioambiente**.

¿LO SABÍAS?

La Guardia Costera de los Estados Unidos es la rama más pequeña de las Fuerzas Armadas de los Estados Unidos. Menos de 50,000 personas sirven en la Guardia Costera.

CAPÍTULO 2

LOS TRABAJOS DE LA GUARDIA COSTERA

Los **reclutas** de la Guardia Costera asisten al campo de entrenamiento básico. Aprenden las habilidades que necesitarán para vivir en un barco. ¿Como cuáles? ¡Atar nudos es una de ellas!

A los reclutas se les hacen pruebas físicas. Deben ser excelentes nadadores. ¿Por qué? Pasarán mucho tiempo en el mar.

bombera · · · · ▶

Luego, los reclutas se vuelven marineros o bomberos. Aprenden trabajos específicos. Los marineros trabajan arriba de la **cubierta**. Algunos dirigen barcos. Otros llevan a cabo misiones de rescate. Los bomberos trabajan debajo de la cubierta. Muchos se ocupan de los motores de los barcos.

¡ECHA UN VISTAZO!

¿Cuáles pruebas físicas deben pasar los reclutas? ¡Echa un vistazo!

FLEXIÓN DE BRAZOS

Hombres: 29 por minuto
Mujeres: 15 por minuto

ABDOMINALES

Hombres: 38 por minuto
Mujeres: 32 por minuto

CARRERA DE 1.5 MILLAS

Hombres: en menos de 12:51 minutos
Mujeres: en menos de 15:26 minutos

PRUEBA DE NATACIÓN

- Saltar desde una plataforma de cinco pies (1.5-metros) a una piscina
- Nadar 328 pies (100 m) sin asistencia
- Mantenerse a flote durante cinco minutos sin ningún flotador

Algunos asisten a la Escuela Nacional de Búsqueda y Rescate. Ahí, reciben entrenamiento adicional de emergencia. Aprenden cómo planificar búsquedas de personas que se han perdido en el mar. También aprenden a liderar misiones de rescate.

helicóptero
MH-60 Seahawk

Los reclutas necesitan un título universitario para convertirse en oficiales. Muchos asisten a la Academia de la Guardia Costera en New London, Connecticut. Otros asisten a la Escuela de Aspirantes a Oficial de la Guardia Costera. Aprenden a liderar a los demás y a comandar los barcos.

Los oficiales también pueden asistir a la escuela de aviación. Ellos aprenden a pilotear aviones y helicópteros.

¿QUÉ OPINAS?

Los aviones no pueden aterrizar en los barcos pequeños. Por eso, los miembros de la Guardia Costera usan helicópteros para las misiones de rescate. ¿Alguna vez has viajado en un helicóptero? ¿Te gustaría?

CAPÍTULO 3

LAS MISIONES DE LA GUARDIA COSTERA

La Guardia Costera de los Estados Unidos patrulla nuestras costas. Previene que la gente **trafique** productos dentro y fuera del país.

barco
traficante

La Guardia Costera también mantiene seguras las **vías navegables**. Se encarga de los **faros**. Coloca **boyas** en el agua. Ambos les permiten a los barcos saber dónde es seguro dirigirse.

U. S. COAST GUARD

boya

La Guardia Costera también trabaja en la protección del medioambiente. ¿Por qué? Esta es una manera de mantener las vías de navegación seguras. Algunos miembros investigan la **polución del agua**. Estudian cómo esta afecta a los animales marítimos. Si hay un derrame de petróleo, los miembros de la Guardia Costera actúan de inmediato. Ayudan con la limpieza del petróleo.

¿QUÉ OPINAS?

El presidente de los Estados Unidos es el comandante en jefe. Él o ella decide cómo usar las Fuerzas Armadas, como la Guardia Costera de los Estados Unidos. ¿Te gustaría tener este trabajo? ¿Por qué o por qué no?

La Guardia Costera participa en misiones de investigación y rescate. Si un barco se pierde en el mar, la Guardia trata de encontrarlo. Si hay personas heridas, los miembros de la Guardia Costera corren a salvarlas.

Ellos mantienen a las personas seguras en el mar. ¿Te gustaría servir en la Guardia Costera de los Estados Unidos?

DATOS BREVES &
OTRAS CURIOSIDADES

CRONOLOGÍA

1790
Se establece la Guardia Costera de los EE. UU. Se le conoce originalmente como el Revenue Marine Service.

1878
Se forma el U.S. Lifesaving Service.

1915
El Revenue Marine Service y el U.S. Lifesaving Service se unen para convertirse en la Guardia Costera de los EE. UU.

1939
La Guardia Costera de los EE. UU. se apodera del Servicio del Faro.

2003
La Guardia Costera de los EE. UU. se vuelve parte del Departamento de Seguridad Nacional.

LA MISIÓN DE LA GUARDIA COSTERA DE LOS EE. UU.:
La misión de la Guardia Costera de los EE. UU. es asegurar la seguridad, protección y administración marítima de la nación.

LOS MIEMBROS DE LA GUARDIA COSTERA DE LOS EE. UU. EN SERVICIO ACTIVO:
Alrededor de 56,000 (en el 2018)
Los miembros en servicio activo sirven a tiempo completo.

LOS MIEMBROS DE LA GUARDIA COSTERA DE LOS EE. UU. EN LA RESERVA:
Alrededor de 30,000 (en el 2018)
Los miembros en la Reserva se entrenan y sirven a tiempo parcial.

GLOSARIO

boyas: Marcadores flotantes, a menudo con campanas o luces, que advierten a los barcos de peligros bajo agua o les indican hacia dónde dirigirse.

cubierta: El nivel superior plano de un barco.

defender: Proteger.

faros: Las torres en o cerca del mar con luces que alumbran en la parte superior, las cuales ayudan a que los barcos eviten el peligro.

medioambiente: Los alrededores naturales de los seres vivos, como el aire, la tierra o el mar.

misiones: Tareas o trabajos.

patrullan: Vigilar un área.

polución del agua: Materiales dañinos, como los químicos, que dañan o contaminan el agua.

rama: Uno de los grupos de las Fuerzas Armadas de los Estados Unidos, incluyendo la Fuerza Aérea de los EE. UU., el Ejército de los EE. UU., la Guardia Costera de los EE. UU., el Cuerpo de Marines de los EE. UU., y la Marina de Guerra de los EE. UU.

reclutas: Los nuevos miembros de una fuerza armada.

trafique: Que traiga cosas a un país o las saque de este de forma ilegal.

vías navegables: Ríos, canales u otros cuerpos de agua sobre los cuales los barcos y botes pueden navegar.

ÍNDICE

PARA APRENDER MÁS

Aprender más es tan fácil como contar de 1 a 3.

❶ Visita www.factsurfer.com

❷ Escribe "LaGuardiaCosteradelosEstadosUnidos" en la caja de búsqueda.

❸ Elige tu libro para ver una lista de sitios web.

FACT SURFER